Sylvia Braun

Floristik für
Frühling & Ostern

CHRISTOPHORUS

BRUNNEN-REIHE

Inhalt

Schöne Oster-Deko

Suchen Sie ein neues Hobby? Möchten Sie wieder mehr Zeit
kreativ nutzen und sind auf das Thema „Floristik" gestoßen?
Oder warten Sie schon ungeduldig auf neue Anregungen zu
Ihrem schon lange ausgeübten Hobby?

Es spielt keine Rolle, ob Sie schon Übung haben oder ob Sie
gerade Ihre ersten Versuche auf floristischem Terrain wagen.
Sie werden in meinem Buch Vorschläge finden, die sehr einfach zu fertigen sind, und solche, die etwas Übung voraussetzen.
Die Entwürfe müssen von Ihnen nicht in jedem Punkt detail-
genau nachgearbeitet werden; bringen Sie Ihre persönlichen
Vorstellungen und Wünsche mit ein. Machen Sie einen Bum-
mel durch Bastelabteilungen und durch Geschenkläden und
lassen Sie sich von einem großen Angebot an floristischen
Materialien inspirieren. Sie werden feststellen, dass es riesigen
Spaß macht, Frühlings- und Osterdekorationen selbst zu
gestalten.

Ich wünsche Ihnen viel Freude bei Ihren floristischen Arbeiten.

Material & Technik

Hilfsmittel und Werkzeuge

Mit Bindedrähten in Gold und Silber (0,3 mm) werden Blumen oder Bänder zusammengebunden. Aus grünem Steckdraht in der Stärke von 0,6 mm können leicht U-förmige Haften gebogen werden, mit denen z. B. Feenhaar oder Plattenmoos auf Steckschaum festgesteckt werden kann. Für fast alle Gestecke ist Steckschaum in Ziegelform oder als Kugel notwendig. Um den Steckschaum abzudecken, ist Plattenmoos oder Feenhaar aus Sisalfasern bei vielen Arbeiten von Nutzen. Bast wird in einigen Fällen verwendet, um nicht sichtbare Aufhängeschleifen anzufertigen. Diese Materialien sind in Bastelgeschäften erhältlich. Benötigte Werkzeuge sind: Seitenschneider, Schere, Zange, Gartenschere und eine Heißklebepistole, z. B. UHU pistole LT 110. Diese Werkzeuge werden in der Materialspalte nicht mehr erwähnt.

Grundformen

Als Basis für die Gestecke werden verschiedene Gefäße, Kränze, Äste und Drahtformen verwendet; sie werden bei den Gestecken im Einzelnen angegeben. Bei einigen Gestecken wird als relativ neues Material Modelliergeflecht aus Aluminium verwendet, das in feiner und in grober Ausführung im gut sortierten Fachhandel erhältlich ist. Es ist einfach zu verarbeiten und kann z. B. mit einer Haushaltsschere geschnitten werden. Sollte es im Handel nicht vorzufinden sein, kann es durch feinmaschiges Drahtgeflecht aus dem Baumarkt ersetzt werden.

Materialien

Hauptbestandteil der Gestecke sind verschiedene Frühlingsblüten. Im Hobbyfachhandel, aber auch in Baumärkten und Kaufhäusern, ist eine große Auswahl in guter Qualität erhältlich. Um die Gestecke frühlingshaft zu gestalten, sind Deko-Elemente wie Hühner, Eier, Schmetterlinge usw. aus unterschiedlichen Materialien wichtig. Sie werden in den schon genannten Läden angeboten, aber auch in Geschenkläden. Außerdem lohnt sich der Besuch von Kunsthandwerkermärkten; hier werden oft besonders schöne Unikate zu erschwinglichen Preisen verkauft. Duftige Dekobänder mit Frühlingsmotiven vervollständigen die Arbeiten. Für sie gelten ebenfalls die schon genannten Einkaufsquellen.

Stecken und Kleben

Als Grundlage der meisten Gestecke dient Steckschaum. Blüten und Dekoteile können einfach durch Einstecken in diese Masse befestigt werden; es ist lediglich darauf zu achten, dass der Steckschaum nicht durch häufiges

Korrigieren ausgehöhlt wird. Das Material findet dann keinen Halt mehr. Kleinere Blüten evtl. vorher mit Bindedraht zusammenbinden. Teile, die nicht gesteckt werden können, werden mit Hilfe der Heißklebepistole angeklebt. Es ist ratsam, vor dem Kleben das Material erst einmal an die gewünschte Position zu halten, um die Wirkung zu überprüfen, da Korrekturen nach dem Kleben kaum möglich sind.

Schleifen binden

Das Band über den linken Zeigefinger hängen. Den längeren vorderen Teil des Bandes voreinander zu zwei oder mehreren Schlaufen legen, mit Daumen und Mittelfinger festhalten und mit Bindedraht umwickeln. Die Schlaufen zurechtbiegen. Mit Heißkleber auf den Gestecken befestigen.

Anleitung Seite 8

Strauß in Blau-Grün

Material

- Rebenmanschette in Herzform
- Modelliergeflecht aus Aluminium, grob, 35 x 35 cm
- Steckschaum
- Bast in Grün
- 8 Cannastäbe in Grün
- Feenhaar in Weiß und Grün
- 5 Schneeballblüten in Blau
- 5 Krokuspicks in Blau
- Beerenzweig in Blau
- 4 Sisaleier in Hellgrün
- Steckdraht

1 Rebengeflecht aus der Straußmanschette entfernen, dabei die Stiele aufbewahren. Die verbleibende Herzform mit dem Modelliergeflecht überziehen. Den Rand mit grünem Feenhaar einfassen; dazu eine dicke Stopfnadel verwenden. Ein Stück Steckschaum in die Mitte der Drahtmanschette kleben. Die Rebenstiele von unten durch das Modelliergeflecht in den Steckschaum stecken. Sie bilden den Stiel des fertigen Straußes. Mit etwas Heißkleber sichern.

2 Cannastäbe halbieren, mit Bast zu einem spitzwinkligen Dreieck zusammenbinden und auf der Manschette an den Bindestellen festkleben.

3 Den Steckschaum großzügig mit weißem Feenhaar abdecken. Abwechselnd Sisaleier, Krokusse und Schneeball stecken, dabei eine eher asymmetrische Anordnung wählen. Den Beerenzweig in kleinere Äste teilen und zur Auflockerung zwischen die Blüten stecken. Die Mehrzahl der Zweige flach über der Manschette verteilen. Lücken mit Tuffs aus weißem Feenhaar füllen.

Narzissengesteck

1 Steckschaum in das Gefäß kleben, mit Moos abdecken.

2 Die Buchs- und Maiglöckchengirlande locker um den Topf schlingen. Anfang und Ende der Ranken im Steckschaum feststecken.

3 Unterschiedlich lange Cannastäbe von der Mitte ausgehend in den Steckschaum stecken. Die höchste Narzisse in der Gesteckmitte platzieren. Die Gräser und Narzissen in abgestufter Höhe zwischen den Cannastäben und außen herum dekorieren. Hahn und Henne in den Vordergrund stecken.

Tulpengesteck in Weiß

Abbildung Seite 5

1 Das Gefäß mit Steckschaum füllen und mit Moos abdecken.

2 Die Tulpen-Efeupicks gleichmäßig in den Steckschaum stecken, bis eine leicht abgerundete Form entsteht.

3 Die Metallfigur in der Mitte heineinstecken.

Strauß mit Hase

Material

- Rebenmanschette in Blütenform
- Plattenmoos
- Grashase
- Feenhaar in Gelb
- Bast in Hellgrün
- Efeuzweig
- Ginsterzweig in Hellgelb
- Adiantumzweig
- 4 Narzissenpicks in Gelb
- 3 Blümchenpicks
- Frühlingsband, 4 cm, in Weiß-Gelb, 60 cm
- Steckschaum
- Steckdraht

1 Steckschaum auf der Manschette festkleben; mit Moos bedecken. Ringsum etwas Feenhaar feststecken. Die Manschette soll teilweise bedeckt sein.

2 Den Hasen in die Mitte kleben. Den Ginster- und den Adiantumzweig so stecken, dass sie links über den Manschettenrand ragen.

3 An der Vorderseite des Straußes den Efeuzweig platzieren. Einige Bastfäden an beiden Enden verknoten und im Halbkreis im hinteren Teil des Straußes feststecken.

4 Die Blüten rund um den Hasen stecken. Vor dem Hasen eine doppelte Schleife mit längeren Bändern befestigen.

Herzen & Ei

Material

Kräuterherzen

- Kräuterherz, 20 cm
- Kräuterherz, 15 cm
- Sisalschmetterling in Hellgrün
- 5 Bellisblüten aus Wolle in Weiß/Hellgrün
- 5 Blätter
- Woge-Band, 15 mm, in Hellgrün/Dunkelgrün, 1 m
- Bindedraht

Draht-Ei

- Draht-Ei, 12 cm
- Buchsgirlande, 40 cm
- Islandmoos in Grün
- 4 Bellis aus Wolle in Weiß/Hellgrün
- 5 Blätter
- Sisalschmetterling in Weiß
- Woge-Band, 15 mm, in Hellgrün/Dunkelgrün, 40 cm

Kräuterherzen

1 Einen Teil des Bandes als Aufhängung am großen Herz festbinden. Mit einem weiteren Teil die Herzen verbinden.

2 Am großen Herz rechts oben den Schmetterling festkleben. An der linken Seite drei zusammengedrahtete Bellis mit Blättern ankleben. Den Klebepunkt mit einer einzelnen Blüte verdecken. Gleichzeitig mit der Blüte das restliche Band ankleben.

3 Am kleinen Herz eine Blüte mit Blättern festkleben.

Draht-Ei

1 Das Band am Draht-Ei als Aufhängung festknoten. Die Buchsgirlande vertikal um das Drahtei schlingen; ein Ende verdreht nach unten hängen lassen und eine Blüte an der Ranke festkleben.

2 Islandmoos ins Ei kleben; drei Blüten mit Blättern hinzufügen. Den Schmetterling oben auf dem Ei mit Heißkleber fixieren.

Anemonenkranz

Material

- Strohkranz in Eiform
- Bast in Grün
- 18 Anemonenblüten
- 3 Reedstäbe in Grün
- Vogel
- 15 Glas- und Tonperlen
- Satinband, 1,5 cm, in Weiß, 1 m
- Bindedraht

1 Das Satinband als Aufhängung am Kranz befestigen. Den Kranz gleichmäßig mit einem Baststrang umwickeln.

2 In die Bastlücken Blüten kleben. Die Reedstäbe in der Mitte durchschneiden und bündeln, den Vogel darauf kleben und das Bündel am Kranz anbringen.

3 Einige Bastfäden zu einer doppelten Schleife binden. Die Schleife unten am Kranz so festkleben, dass sie in die Kranzöffnung hineinragt. An den Bastenden Perlen auffädeln und versetzt festknoten.

4 Aus Bast eine Schleife binden und über der Aufhängung festkleben.

Tipp

Der Kranz kann auch mit Feenhaar überzogen werden. So wird er duftiger und kann farblich variiert werden.

Draht-Variationen

Material

Gesteck

- Rebenmanschette in Blütenform
- feinmaschiges Drahtgeflecht
- Steckschaum
- Keramik-Ei
- 3 Tulpenpicks in Orange
- 3 Narzissenpicks in Gelb
- Feenhaar in Grün
- Steckdraht

Draht-Ei

- Modelliergeflecht aus Aluminium, grob, 50 x 8 cm
- Modelliergeflecht aus Aluminium, fein, 30 x 7 cm
- verzinkter Draht, ca. 50 cm
- Feenhaar in Grün
- Pusteblumenpick in Weiß
- Tulpenpick in Orange
- Keramikrabe
- Watte-Eier in Orange
- Woge-Band, 15 mm, in Hellgrün/Dunkelgrün, 35 cm

Gesteck

1 Fertige Drahtblüte verwenden oder von einer Blüten-Rebenmanschette das Rebengeflecht entfernen und die verbleibende Drahtform mit feinmaschigem Drahtgeflecht überziehen. Vorsichtig arbeiten, Verletzungsgefahr!

2 Etwas Steckschaum in die Mitte der Drahtblüte kleben; üppig mit Feenhaar bedecken. Das Keramik-Ei hineinstecken und mit etwas Heißkleber sichern.

3 Tulpen- und Narzissenpicks gleichmäßig verteilt hineinstecken.

Draht-Ei

1 Den verzinkten Draht eiförmig biegen und mit feinem Draht abbinden. Das grobe Modelliergeflecht vierfach so falten, dass ein Streifen von 50 x 2 cm entsteht. Dieser Streifen bildet die sichtbare Eiform; der verzinkte Draht dient innenliegend als Stütze, um dem Modelliergeflecht die nötige Festigkeit zu geben.

2 Aus dem feinen Modelliergeflecht sechs Blütenblätter ausschneiden. Die zusammengeknüllten Reste ergeben die Blütenmitte. Mit Heißkleber die Blütenblätter verbinden.

3 Das Ei mit Feenhaar auskleiden; seitlich die beiden Blütenpicks ankleben, dazu den Pusteblumenpick teilen. Den Raben und die Watte-Eier fixieren.

4 Das Aufhängeband anknoten und die Metallblüte darüber kleben.

Schmetterling & Käfer

Material

Schmetterling

- Metallschmetterling, 15 cm
- Maiglöckchengirlande, 50 cm
- 2 Adiantumspitzen
- Organzaband, 4 cm, in Weiß/Hellgrün, 1 m
- Kordel, 3 mm, in Lindgrün, 2 m
- Keramikeimer und -kanne

Käfer

- Metallkäfer, 12 cm
- Maiglöckchengirlande
- Efeublätter
- 8 Tulpenblüten aus Holz
- Organzaband, 3,5 cm, in Orange mit Blüten, ca. 50 cm
- Kordel, 0,3 mm, in Orange, ca. 1 m

Für beide Formen die Kordel halbieren. Aus dem Organzaband und einer Kordelhälfte eine Schleife binden, siehe Abbildung. Die zweite Kordelhälfte nochmals halbieren; eine Hälfte als Aufhängung an der Metallform befestigen. Die Metallformen locker mit der Maiglöckchengirlande umschlingen.

Schmetterling

1 An der restlichen Kordel die Keramikteile festknoten. Am unteren Mittelpunkt des Schmetterlings die beiden Adiantumspitzen versetzt festkleben.

2 Am selben Klebepunkt nacheinander die Kordel mit den Dekoteilen, dann die Schleife mit Heißkleber fixieren.

Käfer

1 Aus der restlichen Kordel eine Blütengirlande bilden; dazu 3 Paar Holzblüten auf der Kordel gegeneinander kleben.

2 Am unteren Mittelpunkt des Käfers die Efeublätter, darüber zwei Holzblüten mit Heißkleber befestigen. Über diesem Klebepunkt zunächst die Blütengirlande, dann die Schleife fixieren.

Hasengitter

Material

- 9 Aststücke, ca. 25 cm
- Bast in Grün
- Farnzweig
- Dekogras
- 2 Hasenköpfe
- Tillandsienranke
- 2 Schneeballpicks in Hellgrün

1 Die Aststücke mit Bast zu einem Gitter zusammenbinden.

2 Das Gitter diagonal legen und am unteren Eck den Farnzweig mit Heißkleber fixieren. Das Dekogras in Schlaufen legen und zum Farnzweig kleben. Einen Hasenkopf über dem Klebepunkt befestigen.

3 In der linken Ecke ein Ende der Tilandsienranke festkleben, den zweiten Hasenkopf darüber anbringen. Das andere Ende der Tilandsienranke rechts neben den Farnzweig kleben.

4 Die Schneeballpicks wie auf der Abbildung platzieren. An der Spitze des Gitters eine Bastschlaufe als Aufhängung ankleben.

Tipp

Die Aststücke können auch durch Bambus- oder Cannastäbe ersetzt werden.

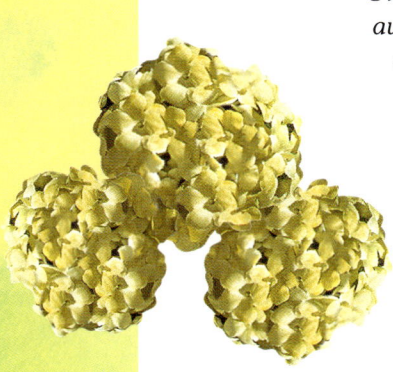

Gesteck in Weiß

Material

- Keramikkübel, 12,5 x 12,5 cm
- Steckschaum
- Plattenmoos
- 10 Cannastäbe in Grün
- Farnblatt
- 2 Pusteblumenpicks in Weiß
- Fliederblüte in Weiß
- 5 Glockenblumenpicks in Weiß
- Feenhaar in Weiß
- Keramikhase, 13 cm
- Sisalschmetterling in Gelb
- Organzaband, 4 cm, mit Hasenmotiven, 50 cm
- Bast in Grün
- Steckdraht
- Bindedraht

1 Steckschaum in den Kübel kleben, mit Moos abdecken. Feenhaar um den Rand des Kübels wickeln und feststecken.

2 Jeweils 5 Cannastäbe 2/3 zu 1/3 durchschneiden. Die längeren Stäbe seitlich in den Topf stecken; die kürzeren mit Bast quer festbinden.

3 Den Keramikhasen direkt auf den Steckschaum kleben. Dazu etwas Moos vom Steckschaum entfernen; der Hase findet so mehr Halt.

4 Im Hintergrund das Farnblatt und die Pusteblumenpicks feststecken. Rechts vom Hasen höhenversetzt drei Glockenblumenpicks, links die Fliederblüte in den Steckschaum stecken. Die restlichen Glockenblumen werden an der Gesteckrückseite verwendet.

5 Den Schmetterling an den oberen Querstäben festkleben. An den unteren Querstäben eine Blüte zusammen mit etwas Feenhaar fixieren.

6 Aus dem Hasenband eine doppelte Schleife binden und vor den Hasen kleben.

Frühlingskranz

Material

- Mooskranz
- feine Rebenzweige
- 2 Narzissenpicks in Gelb
- Schneeballpick in Gelb
- 2 Anemonen mit Zwiebeln in Orange
- Efeuzweig
- Strohbündel
- Organzaband, 4 cm, in Orange mit Blüten, 1 m
- Tonscherben
- Islandmoos in Grün
- kleines Kunststoffei
- Bindedraht

1 Einen Teil des Bandes als Aufhängung am Kranz festmachen; aus dem restlichen Band eine Schleife binden.

2 Den Efeuzweig auf der rechten Kranzhälfte feststecken, dabei in der unteren Kranzmitte beginnen.

3 Den Schneeballpick in eine große und zwei kleine Blüten teilen. Von den Anemonen die Blüten abschneiden. Etwas Stroh andrahten. In eine Tonscherbe etwas Moos und das Ei einkleben.

4 Die Rebenzweige im unteren Kranzdrittel feststecken. Die Anemonenblüten platzieren. Nun, wie auf der Abbildung zu sehen, rechts und links der Blüten mit dem Stecken fortfahren. Tonscherben und Anemonenzwiebeln festkleben. Den Kranz immer wieder in eine hängende Position bringen, um die Wirkung zu überprüfen. Die Kranzinnenseite beim Dekorieren nicht vergessen.

5 Die Schleife über das Aufhängeband kleben. Ein Schleifenende soll etwas länger sein; es wird an der unteren Kranzinnenseite festgesteckt.

Tipp

Falls kein Mooskranz zu bekommen ist, einen Strohkranz mit Moos bedecken und dicht mit feinem Golddraht umwickeln.

Hasengesteck

Material

- Keramikschale, 17 cm
- Steckschaum
- Plattenmoos
- 2 Keramikhasen, 16 cm
- Birkenzweige
- 3 Narzissenpicks in Zartgelb
- 2 Holzblüten mit Knospen in Orange
- Efeupick
- blühender Gräser-pick in Weiß
- Adiantumzweig
- Sisalschmetterling in Hellgrün
- Woge-Band, 15 mm, in Hellgrün/Dunkel-grün, 20 cm
- Steckdraht

1 Steckschaum in der Schale festkleben, mit Moos abdecken.

2 Links und rechts Birkenzweige in den Steckschaum stecken; über dem Mittelpunkt des Gestecks zusammen-binden. Bandenden herunterhängen lassen. Über die Bindestelle den Schmetterling kleben.

3 Auf der rechten Seite bei den Birkenzweigen die Blüten in den Steckschaum stecken. Auf der linken Seite die blühenden Gräser, den Adiantumzweig und einen Narzissenpick platzieren.

4 Abschließend die beiden Hasen gut festkleben.

Tipp

Das Gesteck kann auch mit hellgrünem Islandmoos und einem zusätzlichem Tulpenpick in Orange gearbeitet werden (siehe Titel).

Quadrat in Grün

Material

- feinmaschiges Drahtgeflecht, ca. 56 x 28 cm
- Feenhaar in Grün und Gelb
- Silberdraht
- Steckschaum
- 9 Gänseblümchen in Rosa/Gelb
- 6 Cannastäbe in Grün
- Dekogras in Grün
- Blütenband, 4 cm, in Rosa, ca. 1 m
- Satinband, 4 mm, in Rosa, ca. 1 m
- Bindedraht

Vorsicht

Bei der Arbeit mit dem Drahtgeflecht muss sehr achtsam vorgegangen werden, da durch die spitzen Drahtenden Verletzungsgefahr besteht.

1 Das Drahtgeflecht in der Mitte so knicken, dass ein Quadrat von 28 x 28 cm entsteht. Wieder aufklappen und die rechte Drahthälfte mit einem Rand aus Feenhaar versehen. Mit feinem Silberdraht fixieren.

2 Die linke Hälfte des Drahtgeflechts über die rechte Hälfte mit dem Rand klappen. Die Drahtenden ringsum sorgfältig umbiegen: Dabei verhaken sich die Drahtenden der oberen und der unteren Drahtschicht und das Quadrat wird verschlossen.

3 Das fertige Quadrat mit einer Spitze nach unten weiter bearbeiten: In das untere Spitz ein kleines Stück Steckschaum kleben. Cannastäbe so hineinstecken, dass sie rechts und links auf dem Rand aus Feenhaar liegen.

4 Etwas Feenhaar feststecken und darüber die Gänseblümchen platzieren.

5 Aus dem Blütenband eine Dreierschleife binden, das Satinband, wie auf der Abbildung zu sehen, hinzufügen und feststecken, abschließend eine Blüte darüberkleben.

Tipp

Dieses Gehänge kann auch mit gerader Seite aufgehängt werden. Durch die Asymmetrie wirkt es dann besonders apart.

Wandschmuck

Material

Hasen-Gehänge

- 3 Äste Korken-
  zieherhasel
- Steckschaum
- Islandmoos
  in Hellgrün
- 5 Adiantumspitzen
- 3 Forsythien
  in Hellgrün
- Narzissenpick
  in Gelb
- Feenhaar in Gelb
- Hasenbündel
- Hasenband, 4 cm,
  in Zartgelb, 70 cm
- Satinband, 4 mm,
  in Hellgrün, 150 cm
- Bindedraht
- Steckdraht

Deko-Kranz

- Dekokranz, 12 cm
- Wildglockenblume
  in Hellgrün
- Holzefeu, 6-tlg.,
  in Hellgrün
- Blumenband, 4 cm,
  in Weiß, 30 cm

Hasen-Gehänge

1 Die Korkenzieheräste zusammendrahten. Zum Weiterarbeiten ist es von Vorteil, wenn die Äste so ausbalanciert sind, dass sie auf der Arbeitsfläche stehen. Über die Bindestelle ein Stück Steckschaum kleben und die Seiten mit Islandmoos abdecken. Den Hasen seitlich sitzend festkleben.

2 Die Adiantumspitzen und die Forsythienzweige leicht nach unten zeigend in die Gesteckseiten stecken. Auf der Vorderseite eine Schleife aus Hasenband mit Heißkleber befestigen. Vorne am Hasen eine Schlaufe aus Feenhaar und die Narzisse festkleben.

3 Aus dem Satinband die Aufhängung fertigen. Das Band in drei gleich lange Abschnitte schneiden und an drei Ästen festbinden. Dabei die Äste so wählen, dass das Gesteck sich im Gleichgewicht befindet.

Deko-Kranz

1 Einen Teil des Bandes als Aufhängung befestigen. Aus dem restlichen Band eine kleine Schleife binden und ankleben.

2 In der unteren Mitte des Kranzes zuerst den Blütenpick, dann die Schleife und darüber den Efeu mit Heißkleber fixieren.

Impressum

© 2001
Christophorus-Verlag GmbH
Freiburg im Breisgau
Alle Rechte vorbehalten –
Printed in Germany
ISBN 3-419-56353-1

Jede gewerbliche Nutzung der
Arbeiten und Entwürfe ist nur
mit Genehmigung der Urheber
und des Verlages gestattet. Bei
Anwendung im Unterricht und
in Kursen ist auf diesen Band
der Brunnen-Reihe hinzuweisen.

Lektorat:
Irmgard Böhler, Freiburg

Styling und Fotos:
Roland Krieg, Waldkirch

**Covergestaltung
und Layoutentwurf:**
Network!, München

Coverrealisierung:
smp, Freiburg

Produktion:
Carsten Schorn, Merzhausen

Druck:
Freiburger Graphische Betriebe

Wir sind für Sie da, wenn
Sie Fragen haben.
Und wir interessieren uns
für Ihre eigenen Ideen und
Anregungen.
Schreiben Sie uns, wir hören
gerne von Ihnen!
Ihr Christophorus-Team

**Christophorus-Verlag GmbH
Hermann-Herder-Str. 4
79104 Freiburg**
Tel.: 0761/ 27 17-0
Fax: 0761/ 27 17-3 52
oder e-mail:
info@christophorus-verlag.de

Aus der Brunnen-Reihe

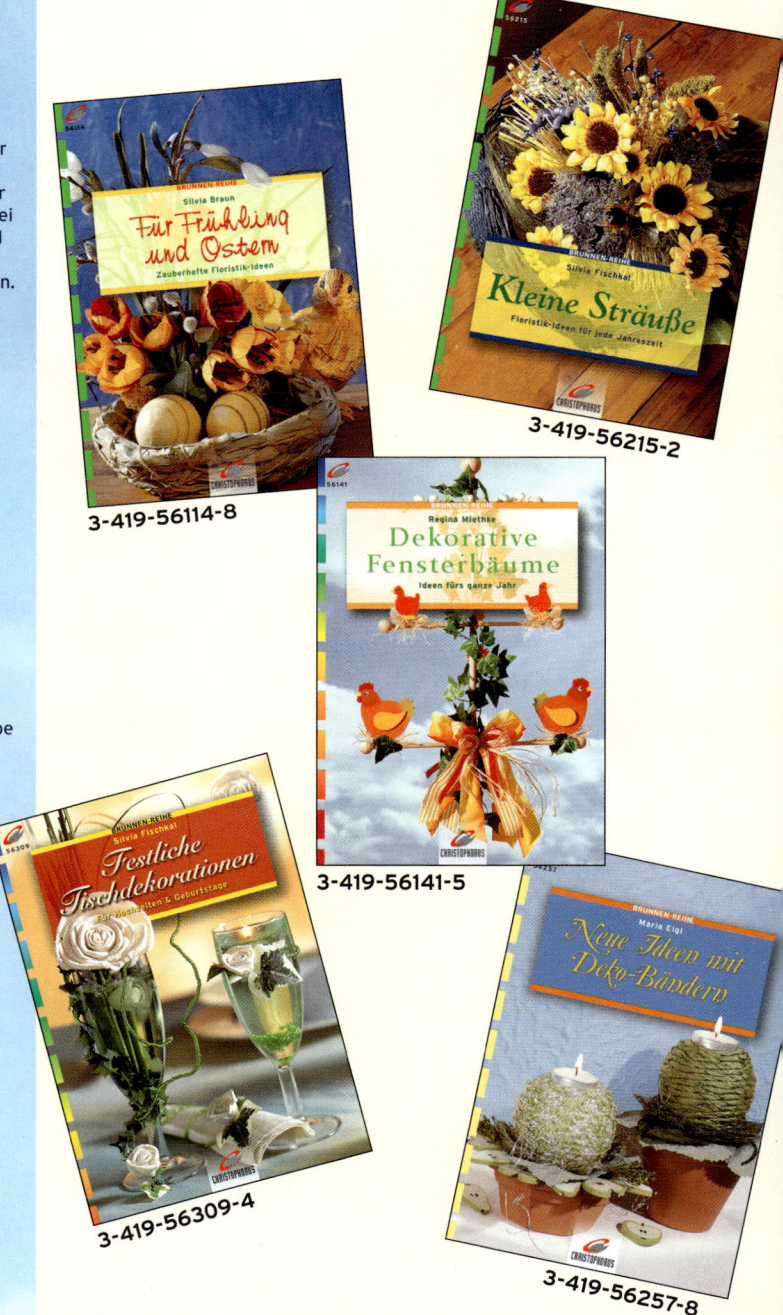

3-419-56114-8

3-419-56215-2

3-419-56141-5

3-419-56309-4

3-419-56257-8